大展好書　好書大展
品嘗好書　冠群可期

大展好書　好書大展

品嘗好書　冠群可期

簡易

太極角

郭慎宗師◎著

大展出版社有限公司

莊　序

百年樹人

郭慎教授是我景仰的師長，能夠為老師新作寫序，實在是生輩的榮幸。

雖沒能上過老師的課，但在國術學系多年的同事相處，了解越多，要在簡短的序裡，來道出其成就，這是有著很大的困難度！

2011年，莊嘉仁教授以《臺灣國防戰技專家——郭慎》一文，發表於第七輯台灣身體文化學會，「台灣百年體育人物誌」專輯中，不容置喙，這等榮耀，已證明老師成就之一般，但是還是要在此，贅言一下。

老師為當代武術名家，也是台灣一代國防戰技專家與貢獻者，實非過譽。武學著實處，專於「摔角」、「擒拿」與「刺槍術」且又多能。

1958年起，親炙摔角大師常東昇十六年，習保定快跤、常氏太極拳，為常大師高第弟子中之佼佼者。

1957年起，師事擒拿大師潘文斗，習擒拿、摔角。一生專精摔擒，並以鴻名。

國軍目前所採用之刺槍術，是1964年由國防部，指派張鏡宇先生（曾任職於南京中央軍校的日式刺槍術教官），與郭慎（負責美式劈刺部分之訓練）研發，歷經一年的時間，再經過，陸軍作戰發展司令部審查通過，報請國防部核准，通令實施。於1990年4月，榮獲國防部參謀總長陳燊齡空軍一級上將，頒發獎狀。

多能者，傳統武術（1954年復興崗政戰學校時期劉木森拳械氣功）、（1957年國軍體育幹部訓練班李元智拳械擒拿術、張英建少林拳）。以及，角力、柔道、跆拳道、刺槍術、棍術、空手戰鬥、武裝跑、武裝游泳、超越障礙、手榴彈投擲、射擊，以及很多美國陸軍戰技項目。

也曾於1965年，參加「臺灣省第二十屆全省運動會」，榮獲男子摔角重量級競賽第一名，於該次運動會，同時勇獲「男子舉重中重量級」第三名，其於舉重、健美、單槓、雙槓、跳馬等，一般體育活動，亦不遑多讓。

在從事教學60年間，所編著專書與期刊，從1961年至今，卓卓大文，瓶傾水瀉，已付梓逾400多

萬言，著作等身。以「理論敘寫」結合「實戰技巧」，對於國防戰技、傳統武術摔角、擒拿之教學，已達到理想之傳承，功不可沒。老師凡有所新著，都會送給系辦，提供學生流傳研讀，成為系之公寶。

老師一生，致力於國防戰技與武術之教學研究，任教於軍中與多所院校，在大專院校上課期間，同時，也從事無待遇的社會體育運動，作育英才無數，桃李滿天下。

從1989年起至2018年，兼任中國文化大學國術學系「摔角」、「擒拿」術科，與「國術專題講座」教學，至今即有30年。

老師原規劃在2012年退休，我們因感於老師一直很受到學生的歡迎，退下來是系裡的損失，故建請魏香明主任，為同學開設新的課程——「國術專題講座」，將老師以前術科學習、訓練與教學的經驗，做更詳細有系統的介紹，傳承給同學們，結果學生報名踴躍，甚至還爆堂！

有一故事，由系裡學生轉知的，老師最了不起的地方，除了功夫好之外，還非常有智慧，這也流露出老師的溫厚慈心。

有一次老師上摔角課，進度是「斜打」，有一位調皮的學生想要試老師的功夫，就問說老師這個動作

怎麼用！老師就解釋並示範用法，而那位學生馬上變換，用另外一隻手攻擊過來，老師順手就把學生舉起來，然後說：「我現在年紀大了，你不要考驗我，我若手軟不小心把你摔出去，就不好了。」從此以後，那學生就非常聽話，也學得非常的好。一方面教學，一方面又不讓學生受到傷害，真是非常不容易，我想這只有老師做得到。

多少年來，進一步薈萃摔角、擒拿與太極拳，於一爐；老師因深諳三藝，能曲盡其致，今人論太極角，應是老師最契，此一生武學之總成，絕非卒然可造也。

近年，老師已由技入道的境界，也更致力於武術理想之傳承，收門下生六子，皆一時俊秀，彼等皆能恪遵教誨，承傳師門武學，已蔚為郭慎「郭氏太極角」宗派。

今又欣見新作——《簡易太極角》面世，老師治學篤實，以八八米壽，仍不輟於教學與著作，老師驚人的毅力，令生輩嘆服。謹向老師表達無限的敬意，是為序。

前中國文化大學國術學系主任　莊榮仁

林　序

> 體者道也理也　　得理則法通
> 文質彬彬正君子　有文有武真文化

中國為名體，綿延五千年，虛無且實在。中華為相用，美麗並豐富，孕育養群生，此為大文化的融合，當然包含武術。

> 內修心　藏於理　文者三家

儒者，克己復禮；以仁為本、律己成聖。

道者，清靜無為；道名非常、自然成仙。

釋者，苦空無我；慈悲平等、無得成佛。

> 成型於法　證武道　教練二門

外家，少林為宗，力大勝、強勝弱、快勝慢、欲強則弱，國外武術亦多如是。

內家，太極為主，力小可勝、弱可勝強、慢可勝快、欲強則強，宋明之後特有，國外少見。

內外皆修　養正氣　太極是道

太極暗合，克己、無為、無我，三教之理，承轉納化，非一擊必殺，仁與霸由此可見端倪。國術之內涵，可證我中華民族愛好和平之本性。

德服人心　國士強　金戈可止

郭師文武兼具今之良士，實際武學一甲子，行伍、民間、教育界桃李天下。今太極角問世，合陰陽之理難得之作，學子有福。我等有緣親近倍感榮幸，敝人以生輩認定，當今國術界楷模當之無愧。

台灣省國術會　林志昌

簡易太極角

隋　序

中華民國太極拳總會

郭教授以謹元，自少習武練拳，對武術

技館，精修深語，合羅全般，概括成統、

訪知太極拳、八極拳、少林拳、西洋拳、

柔道、擒角、擒拿、拳重、刺槍等，均

乙一趣練，技巧精爛，涤入與理，洞察機

宜，且弦融會貫通，派略一貫，曾查女大圖

術學業，全國國術賽研班程技多年，評風葉

楊。今研簧「太極拳防身術教材」，精彩淵

博，蔥羅萊理，動作（示範）確實，為一

教班拐言好身術教材，孫者今習武者一

地址：台北市朱崙街20號運動大樓608室　電話：(02)775-8732-3

簡易太極角

大福音！深兹梓行、郇後哩句，
以賀以慕。

弟隋溎
秋爛松 謹誌 94, 5, 1.

地址：台北市朱崙街20號運動大樓608室　電話：(02)775-8732-3

自 序

　　太極拳為我中華民族傳統文化的瑰寶。太極拳理博大精深，功架技術（招式）深合運動生物力學原理，且效用廣博，俱有健身、醫療、觀賞、娛樂及修身養性的諸多功能，在行拳中，涵括了武術中威力強大的踢、打，自衛防身的實用技術。

　　太極拳，貴柔、尚陰、用虛、主靜、屬下、取後、為客、居弱、無為，弱者不爭的鬥士特性，故歷代太極拳賢輩，向以健身、醫療、修身養性為本。正如，前中華民國太極拳總會理事長──楊玉振所著《太極拳道的問答》一書中，所言：「太極拳在以體力對抗的時代，太極拳招式太厲害，一旦施術，定會造成傷亡。」（太極拳研究專集171期）

　　一代太極宗師王延年，也曾論述：「張三豐祖師沒有修道之前，天天一直有人要殺他，因為要自衛，他也得殺人，打人殺人是犯法的。」其更提出，武術不要比賽，因為輸贏雙方都會受到傷害。

　　以上，兩位太極拳宗師的觀點，實乃深受張三豐

祖師箴言；「欲天下豪傑，延年益壽，不徒作技藝之末也。」所影響，更彰顯出太極拳修身養性，鍛鍊自己，不傷己害人的特性。

但如今，社會治安敗壞，作奸犯科之徒趁勢而起，善良百姓時遭欺凌、傷害，我輩會武術者，本是除暴安良，濟弱扶窮者，但因，心懷善良，又顧及傷人被害，而任由歹徒為所欲為，此至社會永無寧日。武術諺語有云：「既得必試敵」、「寧可學了不用，不可用時無學。」此乃召示吾輩武者，防身自衛箴言。古有明訓，路見不平、拔刀相助，但施術時，運用之妙存乎一心。

太極拳又稱綿拳，乃指「綿裡藏針、綿裡裹鐵」，顧名思義，可知太極的威力。清末陳鑫著有「殺手歌」和「打穴歌」，前者強調，上打咽喉、下打陰，中間兩肋並當心，下部脛骨合兩膝，胸後一掌要真魂。

另陳長興在《用武要言》「太極拳散手十八打」中提及：「提打、按打、擊打、沖打、膊打、肘打、胯打、腿打、頭打、手打、高打、低打、順打、橫打、進步打、退步打、截氣打、借氣打……等。」周身均可打的技法。更強調：「起手如閃電，擊打如迅雷，發手要快，打手要狠，發身要鷹揚、勇猛、潑

簡易太極角

辣、膽大。」可見，陳式太極拳根本就是實戰搏鬥的拳術，無怪乎，以往陳式太極拳手，多以保鑣為業！

楊露禪（楊無敵）創一百零八式楊式太極拳套路，其武術事蹟，無論比武、應聘擔任鏢師，拳場無敵，可說譽滿全國，當時，詩人與書法家，曾寫下「誰料豫北陳家拳，卻賴冀南楊家傳」、「手捧太極震寰宇，胸懷絕藝壓群英」以稱頌。

基於以上論述，可見太極拳的確是威力強大的拳種。但僅有踢、打，無法對抗現代的自由搏擊，遠距離可施展踢打，近距離特別是貼身時，則必須加以摔角技術克敵。武諺：「拿不如打、打不如摔」、「起腿半邊空」、「三年的拳不敵當年的角」，這都在說明，摔角在近戰格鬥的重要性。武術界常云：「八卦掌加摔角神鬼都會怕」、「太極拳加摔角神鬼都會驚」，此說，證明將摔角技術融入太極拳中，其實戰威力更強大。

筆者，從小跟外祖父李東雲，學習山西角。1958年又拜武狀元常東昇大師，學習保定快角，且跟隨常大師，在軍中教授摔角十六年，此期間，常大師在傳授摔角時，每將太極拳的招式，運用在摔角中。

筆者耳濡目染，稍有一愚之得，斗膽在耄耋之齡提出《簡易太極角》，就教於武界賢輩，更盼望拋磚

引玉。

2005年，筆者曾編撰《太極拳防身術》一書，由大展出版有限公司出版。另大陸張志俊（太極閑人、陳式太極拳大師陳兆奎高足），曾編撰《三十二式摔法》，列入陳式太極拳技法系列之一，足證摔角之價值。

拙作能完稿，得力於傅文丕君之鼎力相助，傅君外貌儒雅，博學多聞，國立體育大學運動科學研究所力學組碩士，習程派高式八卦掌，武術根底深厚，精易筋、內勢。曾擔任中華民國太極拳總會秘書長，建樹良多，乃當代文武不可多得之俊材，能為拙著撰序，生色無限，特致謝意！

同時也要感謝，莊嘉仁教授協助攝錄，前中國文化大學國術學系莊榮仁主任、台灣省國術會林志昌秘書長、財團法人石為開將軍太極拳發展基金會隋滌秋董事長，賜序。財團法人玄牝太極健康導引學會邱翊展理事長，協助演示，在此一併謝謝！

郭　慎

簡易太極角

門 下 生 序

　　弟子十歲即知學武，兄長傅義雄、傅金燦，啟蒙鵲拳，在聯考年代，卻勇於武事，總覺得自己是在做一件很有意義的事。在新竹師專時期，也熱衷於岳飛拳（李榮火授）與孫氏太極拳（趙錫民、李燦、林玉泉授）。

　　二十二歲，於成功嶺服預官役，師林信雄，習跆拳。二十三歲，從吳錦園，習程派高式八卦掌。後始知高義盛先承家傳，再從周玉祥（周祥）轉歸八卦，經周保引投入程門，然大多從周玉祥得八卦，此是史實，習程高不可忽略！周劍南於「八卦拳之研究」一文中，指出周玉祥之承傳者：「據所知，以高義盛較優。」2013年，林志昌秘書長詢及：「汝師誰，師又師誰……」心忖！誰知誰，只有天知道，呼攏即可，不必費唇舌真說，隨口：「吾師吳，吳師高，高師程！」數日後，林持溫敬銘日記道：「你看！溫所記，程廷華門下生，無高氏者。清清楚楚！」林考證勤確，在真人面前，不能說假！

　　程廷華早年即精於摔角，又承董海川祖師所授整勁與八卦生剋之道，功境神鬼都怕。王薌齋極譽之：

「於幼年時曾與程廷華先生晤，回憶其神情真若神龍遊空，百折千回，令人難追其功勁。」吾自幼即對程，私心嚮往之。

參詳高太老師所著《八卦揉身連環掌》，其於摔角理法、功法，無著墨，有之，止於「手拌子」小節中，略介抱摔動作。於吳師教材中，雖可意會，但未曾見聞其摔跌，程門已渺矣！

古代角觝，國術之源、萬拳之母也，摔技豈可竟付闕如！且是習程高八卦者。

童年最愛讀唐詩，吞棗囫圇自不知，今日窗前重展讀，名篇佳句也生疑（雜詩家荒蕪）。東晉王羲之在《書論》中述及：「夫書者，玄妙之伎也，若非通人志士，學無及之，大抵書須存思。」

武藝亦若是。故長年多師：（徐逢元授形意）、（宋發棟授儒鶴）、（林志昌、林仔初授詠春）。也向胞弟傅國泰（國術組第一屆），習賀順定所授形意拳，傅淑雲、孫紹棠拳械……等。又向孩子傅俊德（國術系第六屆），學習其學程器械，矢之久恆何辭苦，期於知辨善鑑，從多能處得一專，惟「易筋」與「內勢」耳。

多年來，探賾索隱，學向淵中尋理趣，可漸悟經論所未載處，唯於摔擒，總覺不對位，又恐多訛謬，不敢穿鑿附會，故身體思維常無所措，每多苦痛！如

簡易太極角

是，因循蹉跎不知多少寒暑。常嘆，一門不入一門黑！

2001年為通識太極拳技，任中華民國太極拳總會行政工作，入太廟每事問。真乃上帝臨汝，無貳爾心，2002年11月30日，在總會所舉辦第六屆「中華盃」會場，初遇慎公，當下保握千載難逢機會請益，如沐春風之餘，慎公器質深厚耿直，長者風範，留下深刻印象。

慎公，時任文化大學國術學系教授，是常東昇宗師高第之代表者，苦學集成，精於摔、擒、刺槍術與各種技擊，一生探求武術之真理，驗證武術的價值，其武術運動歷經，習藝、苦練、實戰、教學四個階段。薈萃諸藝，研發刺槍術，是為台灣一代國防戰技專家。又術學兼修，著作等身，桃李滿天下，世多榮之。

第二次再見慎公，是在2007年台灣省國術會，所舉辦「第二屆台灣武術文化節」會場，慎公提醐貫頂，傳授練武經驗。越二月，於2007年11月20日，台灣省國術會應邀參加「馬來西亞檳城政府武術委員會」，慶祝成立十週年，所舉囑「2007國際傳統武術群英會」，林志昌特別安排，和慎公同往，得向慎公請益，並遵囑，協助演示保定快角「技術組合套摔」，倍感榮幸，終生難忘。

七天旅程的親炙，得見慎公情性，襟抱寬廣，誠實嚴謹，且虛心無間。弘一大師云：「擇師，當先擇

其德，而後擇其藝。」慎公人師、經師也，弟子油然生孺慕之情，肆志追隨。

從2007年起，經常從新莊市，到北投慎公府邸，學習摔角與擒拿，長達一年之久。

又從2008年9月起，侍師於「文化大學國術學系」操作摔角、擒拿。至2012年9月起，慎公應魏香明主任之邀，開新課程──「國術專題講座」，將術科教學的經驗，做更詳細有系統的傳承，結果教室爆堂！慎公受學生歡迎的程度，令人感動！有斯德有斯學，方有斯景！弟子有幸能得側侍。

蒙慎公愛重，於2010年12月25日，拜門，為「郭門六子」行五，忝列門牆。

爾來近十載，摔擒日趨有度，弟子雖仍未能巧使合宜，得慎公妙竅之處，然，外受摔擒，內審昔年諸藝，從明白、堅定「選擇」與「排拒」過去的教材法，找出「自己的極致」，風格於焉確立，也得窺「八卦加摔角神鬼都怕」境界。

回首來時路，最要特別感謝慎公的教誨與栽培，弟子受恩，感恩涕零，謹序以表達無限的謝意與敬意。

門下生　前中華民國太極拳總會秘書長

傅文丕　敬序

簡易太極角

目 次

簡易太極扇

壹　簡易太極角編撰緣由

　　練武者所週知，太極拳博大精深、威力強大，其戰略戰術理論體系大備。

　　太極拳，以掤、捋、擠、按、採、挒、肘、靠、進、退、顧、盼、中定，十三勢為中心內容。在沾、黏、連、隨的基礎上，將踢、打、摔、拿四擊融為一體。太極拳是貼身近搏的功夫。拳訣云：「近人先近身，身手齊到才為真。」摔角乃接體技術，此與太極拳的貼身近搏相同，也唯有貼身近搏才能發揮太極角的功效。

　　太極拳的戰略、戰術，精深而完備，如「心靜意專，以靜制動」、「靜如處女，動如雷霆」、「彼不動，己不動」、「彼微動，己先動」、「引進落空，四兩撥千金」、「一膽、二力、三把勢」、「虛實兼顧、變化無常」等，可謂不盡枚舉。

　　太極拳在實戰方面，僅在文獻上多所載述。如：楊露禪（楊無敵）創一百零八式太極套路，其武功事蹟無論比武、應聘鏢師、為保衛家鄉與土匪交戰，可

說威震八方，戰果輝煌。其時，有詩人頌揚「手捧太極威寰宇」、「胸懷絕技壓群英」，足見其太極拳功力深厚名實相符。

但在現實社會中，自民國三十八年至今，卻從未看到，太極拳在戰術中有任何突出表現。

僅見，民國四十四年六月二十四日，由中華國術進修會、台灣省國術會主辦，台灣省國術時中社、陽明山國術會、台大國術會等單位承辦的中國武術比賽大會（台灣光復後首次大區域比賽）。此項大賽共設太極揉手（推手）、拳術（徒手）、摔角及長短兵器共四組，大會各組比賽取前三名，各組冠軍產生後，再參加綜合比賽，以選出總冠軍（兵器組除外）。

比賽結果，獲冠軍者：揉手組黃性賢、拳術組張英建、摔角組陳茂寅。以上三組冠軍，再相互對陣搏鬥，比賽成績張英建技高一籌，分別擊敗黃性賢、陳茂寅，榮獲總冠軍。

由此可見，太極拳未發揮其功效，以致於輸給拳術組張英建，事實上張英建亦是摔角高手（筆者受業於張師）。

另一次太極拳與摔角友誼交流，是由摔角大師常東昇的弟子黃清政與太極拳大師王延年的弟子切磋，結果黃清政以「抹脖」與「扣」的摔角技術占機先。

前文曾說明，太極拳是包括踢、打、摔、拿四種技擊術，以上所舉的兩例，皆因太極拳未能將摔角的技術精練，且平時缺少實戰經驗，故而未能得心應手獲得佳績。

　　《簡易太極角》一書，乃針對太極拳專注踢、打，而疏忽摔角技術而編撰，來者，如能學習一段時日，一定會將太極拳的威力提升。

貳 「太極角進修協會」的成立

一九五八年，開始追隨摔角大師常東昇，學習保定摔角。

於一九六三年至一九七九年，常大師應聘擔任，國防部「戰鬥體育技術教官班」暨「反情報教授班」，摔角技術教學；在此不算短的十六年中，筆者，除了擔任戰鬥體育各期班的教學外，每年年終要跟隨常大師，至陸、海、空三軍各部隊，巡邏教學。

常大師在教授摔角技術前，必以太極拳為暖身運動，同時在教學過程中，啟示將摔角技術融入太極拳中。雖然學習太極拳時間有限，但對於摔角與太極拳，能融合在一起的觀念印象深刻，對太極拳能實戰態度因而建立。

筆者，可說受惠時間良多，奈因天資遲鈍，無法融會貫通，致所獲鮮少。

多少年來，與同學們切磋、操演，翼望將常大師摔角中的每一個技術，完全與太極拳每一個動作相契合，使太極拳的實戰威力更強大；是故，在二○○五

簡易太極角

年八月，斗膽編寫了《太極拳防身術》（亦名太極角、由武術權威大展出版社印行出版）。

更在同年十二月二十五日由學生邱志瑤（翊展）、陳逸祥、呂建銘、潘欣祺，於臺北市北投區光明路226號「新上享飯店」，成立「太極角進修協會」（圖1），盼望透過組織與愛好太極拳與摔角的同仁，集思廣益研究發展。

圖1　門下生拜師後團照，前排右郭慎老師、左譚鳳鶯師母。
　　　後排由左至右：邱翊展、陳逸祥、潘欣祺、呂建銘

簡易太極角教材內容提要

　　凡稱武術、拳法、搏擊者，均以制人而不受制於人為目的。太極拳為我中華武術文化至尊，博大精深，威力強大。太極拳稱之謂仁道拳、文化拳、衛生拳，甚至被稱謂哲拳，常以養生、健身以及精神休養為重。

　　事實上，從起初廣泛傳授以來，就是以武術拳種來定位的，既然太極拳是武術，而武術者，防身、保命是必然的；太極拳又稱謂綿拳（綿裡藏針，綿裡藏鐵），顧名思義，可知太極拳的威力非同小可。

　　太極拳傳衍至今，支脈龐多，含括了，趙堡、陳氏、楊氏、吳氏、孫氏、郝氏、武氏、和氏以及其他多種派別，但千拳歸一，各派動作大同小異，各派中均有「踢、推、拿、打、摔」五種技擊法，而「趙堡太極拳」更突顯了摔的技法。

　　在其圖譜中，有關摔角的技法就有數十種，且其摔法，常與踢、推、拿、打相互配合，茲摘其中六幅以證（圖2～圖7）。

圖2　猛虎竄澗

圖3　胯打法

圖4　擒手踹腿

圖5　進步擠法

圖6　張飛推磨

圖7　猛虎竄澗定勢

（圖2～圖7　摘自宋蘊華，1985）

太極角乃是將太極拳中各種動作，溶化成摔角技法予以應用。太極拳講求，運用槓桿力、螺旋力、反作用力、彈力和摩擦力，發揮「引進落空」、「剛柔相濟」的技巧，以牽動對方的重心，使對方移動跌倒；此與摔角應用運動生物力學的原理如，「重心和平衡」、「圓周運動」、「槓桿原理」、「慣性定律」、「力偶」、「力矩」、「角動量」、「作用力與反作用力」等相同。

摔角是一種智與力的運動，在施術時尤需特別注意，「部位」、「角度」、「速度」、「合力」，變化及控制時間機會等要領。

太極拳的推手，事實上就是摔角基本功法，而大陸上推展的活步推手，更使太極拳在「摔」的技術上有突出的表現。在筆者發表太極拳防身術論文與專書之後，中國大陸，號稱「太極角人」的張志俊大師，研發出陳氏太極三十二式摔法VCD影帶，該片中特別介紹摔角法，主要運用以手領勁、引進落空、閃掠取巧的方法，使對方的身體失去平衡，達到摔倒的目的。

太極拳推手的基本方法，就是所謂的十三勢即，掤、捋、擠、按、採、挒、肘、靠、進、退、顧、盼、中定，此十三式，亦是太極角的基本摔法。而所有的各派太極拳的每一招式，均可做為摔法，但必須

簡易太極角

與正統的摔角技法溶為一體。

重點在於，先真正體會有關正統的摔角基本功，其訣竅之所在，進而，將各種太極角的摔法，因勢利導，乘勢而摔，才能將太極拳的各種招式運用在摔法上。例如，十三勢中的「挒」，就是摔角中的「刁挒」，而「中定」者即摔角的攻防準備姿勢，亦即摔角架式。

一、摔角的架式有下列四種

(一)順 架

雙方均採左（右）手、左（右）足在前，右（左）手、 右（左）足在後的站立姿勢，亦即雙方都是左架或右架叫順架（圖8）。

圖8　順架

(二)頂 架

頂架又稱逆架。一方左（右）手，左（右）足在前，右（左）手，右（左）足在後的站立姿勢，另一方右（左）手，右（左）足在前，左（右）手，左（右）足在前的站立姿勢，亦即我方右架，對手左架，或相反叫頂架（圖9）。

圖9　頂架

(三)高架、矮架

高架雙腿稍屈即可，矮架雙腿需彎屈，身體重心降低。身高力大者習慣用高架，身體矮小的，習慣用矮架。高架者使用大絆子，抓把部位多是上把，矮架

簡易太極角

者使用小絆子，抓把部位多是下把部位（圖10、11）。

圖10　高架

圖11　矮架

二、摔角的手法

太極角的進退，亦要與摔角的步法相互溶合。有關摔角的手法，亦應與太極拳中的各種手法相互配合練習。正統摔角手法眾多，茲擇其中九種說明如下：（圖12～20）

(一)運 手

運手之作用在防禦對手抓把，或迷惑、分散對手注意力，而相機出手抓對方的把位，雙目注視對手舉動，雙手在胸前，左、右、上、下小幅度揮動，覓得良機抓對方把位，反摔（圖12）。

圖12　運手

(二)托 手

以同側之手，托起對手抓我上領把之手肘，以另手抓把進招施絆（圖13）。

圖13　托手

(三)纏 手

以同側之手，纏住對手抓把之手，迫使對方鬆把之時機反摔（圖14）。

(四)借 手

對方抓我上把領之際，我以下把反摔之（圖15）。

圖14　纏手

圖15-1　借手

圖15-2　借手

（五）推 手

推開對方抓把之手，進招施絆（圖16）。

圖16　推手

（六）掏 手

以同側之手抓住對方手腕部，用另一手抓住對方上臂，將對方手臂掏過來，進招摔。掏臂抹眉（圖17）。

（七）撕

對方抓握我衣襟時，我以相對之手抓住對方衣襟，然後以雙手及身體向後轉動之力，將被抓之衣襟猛力撕開，相機攻擊（圖18）。

圖17-1　掏手　　　　　　　　　圖17-2　掏手

圖18-1　撕　　　　　　　　　　圖18-2　撕

（八）崩

對方抓住我衣襟時，我以相對之手臂，置於對方肘關節處，同時將身體向外猛力轉動，崩折對方之肘關節，相機攻擊（圖19）。

圖19-1　崩　　　　　　　　圖19-2　崩

（九）捅

對方抓握我之衣襟，我立刻抓住對方之手臂，以另手握拳或掌猛力推對方之肩、胸部位，相機進招攻擊（圖20）。

依據，摔角與太極拳中的各種手法，相互配合多做練習，才能適應各種摔法（穿衣或不穿上衣），掌

圖20-1　掤

圖20-2　掤

握機勢。

太極十三勢「顧、盼」二法，在摔角中不僅僅
只是左顧右盼，而是全方位的。武術中講求所謂功
夫十五字訣：手、眼、身、法、步、肩、肘、腕、

胯、膝、頂、項、胸、背、臀，「顧、盼」與以上十五字訣關係密切。

太極角特加重視，動作中的細節處，並且，更須要由頭部帶領，所謂「顧、盼」者，其實，就是摔角的「鳥無頭不飛」，從太極角的操作中，才能體會、精確操作「顧、盼」。

「顧、盼」其泛指「頭法」，頭法又豈止於左顧右盼，「頭法」的三 D 控制，就如「打手歌」所指出，掤捋擠按須「認真」，「認真」就是找到對的方法。例如：「抱摔」時必須抬頭，「揣摔」時必須猛低頭，而「挾脖摔」時頭部必須左右轉動，亦即是所謂的「變臉」。顧盼此頭頸的左、右、上、下移動，是帶動以上十五字訣與太極角所有技術的樞紐，必勤加練習，才能得心應手，發揮技術。

三、「保定快角」的抖帶

摔角步法與太極拳的步法，雖因用法相異，但如能相互配合，將太極拳的步法，與摔角步法相近者因勢利導，靈活運用，練習日久自當能融會貫通，而應用自如，發揮功效。

茲將「保定快角」輔助運動中的抖帶，介紹於後。抖帶動作中的步法，皆為摔角應用步法，練習抖

帶，一方面可以熟練步法，另一方面又可加強摔角的功力：（圖21～30）

（一）馬步抖帶（圖21）

圖21-1　馬步抖帶左式

圖21-2　馬步抖帶右式

簡易太極角

(二)弓步左右抖帶（圖22）

圖22-1　弓步左右抖帶左式

圖22-2　弓步左右抖帶右式

(三)左右按步抖帶（圖23）

圖23-1　左右按步抖帶左式

圖23-2　左右按步抖帶右式

(四)左右按步迴轉抖帶(圖24)

圖24-1　右右按步迴轉抖帶

圖24-2　右右按步迴轉抖帶

圖24-3　右右按步迴轉抖帶

（五）原地抱抖帶（圖25）

圖25-1　原地抱抖帶下式

圖25-2　原地抱抖帶上式

(六)揣抖帶（圖26）

圖26-1　揣抖帶上式

圖26-2　揣抖帶下式

(七)弓步前進抖帶（圖27）

圖27-1　弓步前進抖帶左式

圖27-1　弓步前進抖帶右式

（八）前進踢抖帶（圖28）

047

圖28　前進踢抖帶左式

(九)前進後踢抖帶（圖29）

簡易太極帶

圖29　前進後踢抖帶右式

（十）上把前進後踢抖帶（圖30）

圖30　上把前進後踢抖帶左式

肆 「太極十三勢」摔法

一、太極起勢摔法

「太極起勢」定勢圖（圖31）。

圖31 「太極起勢」定勢圖

（一）歹徒雙掌伸出欲抓我雙肩，或雙掌砍我頸部時，我雙掌向上分開其雙手，同時立即將其雙腕向後拉引，同時蹲馬步，再以雙掌向前按其額、胸、腹部，將歹徒推倒發出（圖32）。

圖 32-1

圖 32-2

圖 32-3

圖 32-4

（二）歹徒雙手已抓住我雙肩，我立即以雙手向上分開其雙手，同時一手抓其大臂，一手挾其頸項，撤步轉身，向後踢腿同時變臉轉身將歹徒摔倒（圖33）。

圖33-1

圖33-2

圖33-3

圖33-4

二、掤摔法

「掤勢」定勢圖（圖34）。

圖34 「掤勢」定勢圖

歹徒單掌、拳攻我胸、頸部，我出雙手一手掤抓其手腕，一手掌推其肩部，同時出腳向後勾其前置腿，將歹徒摔倒。如未能摔倒，立即以橫肘切其前頸，再以手掌按搗其面部，歹徒必倒地（圖35）。

圖 35-1

圖 35-2

圖 35-3

圖 35-4

三、捋摔法

「捋勢」定勢圖（圖36）。

圖36　「捋勢」定勢圖

（一）歹徒出單手掌（拳）攻我上端（頭、胸）時，我側閃身，同時雙手抓其手腕與肘關節，並以引進落空的要領，猛力刁捋其臂，向身側摔出。刁捋摔（圖37）。

圖 37-1

圖 37-2

圖37-3

圖37-4

（二）若歹徒欲將被我抓捋之手臂抽回，我順其勢送回，再向我身側後刁捋，轉身向外側摔倒，或同時出腳蹬踹其襠部。刁捋轉身摔（圖38）。

圖38-1

圖38-2

圖38-3

圖38-4

四、擠摔法

「擠勢」定勢圖（圖39）。

圖39　「擠勢」定勢圖

　　歹徒伸雙手掌攻我，我採捋其一臂，並以另一臂抄入其腋下，同時將一腿置於其腿後方，緊靠其身側後，猛力擠靠將其摔倒（圖40）。

圖40-1

簡
易
太
極
角

圖40-2

圖40-3

圖40-4

五、按摔法

「按勢」定勢圖（圖41）。

圖41 「按勢」定勢圖

歹徒單手攻我上端，我以一手掤架其臂，同時向下轉壓其臂，另手從下面抓其臂肘同時拉回；另一手掌抹壓其眉額，同側之腿以踢或削，將其摔倒。掏臂按（抹）眉摔（圖42）。

圖42-1

圖42-2

圖42-3

圖42-4

六、採摔法

「採勢」定勢圖（圖43）。

圖43 「採勢」定勢圖

（一）歹徒以單手或雙手攻我（抓、砍、打），我掤架緩衝其攻勢，立即以雙手抓其隻手手腕，同時猛力向下抖震其整條手臂，可使其頭頸受震暈眩而倒地（圖44）。

簡易太極角

圖 44-1

圖 44-2

圖 44-3

簡易太極角

圖 44-4

（二）採其靠近我身側之手臂，向外轉身崩其肘關節，將其摔倒。崩折肘摔（圖45）。

圖 45-1

圖 45-2

069

肆　「太極十三勢」摔法

圖 45-3

圖 45-4

七、捌摔法

捌者折也，此動作可擒可摔。

「捌勢」定勢圖（圖46）。

圖46　「捌勢」定勢圖

（一）歹徒出手攻我，我一手掤架，一手掌置其肘關節處，雙手上頂、下按，捌折其肘關節（圖47）。

圖 47-1

圖 47-2

圖47-3

圖47-4

（二）歹徒出手攻我，我一手掤架，同時控制其臂，另小臂從其臂下至其肘關節處，轉身踢腿鎖肘摔倒。鎖肘摔（圖48）。

圖48-1

圖48-2

簡易太極角

圖48-3

圖48-4

八、肘摔法

肘的用法，可擊打歹徒肋骨、胸、腹部、切其喉部、斷其肘關節。

「肘勢」定勢圖（圖49）。

圖49　「肘勢」定勢圖

歹徒出右手攻我身體上端，我先閃躲立即施以立肘肘擊，繼之施以摔法，如斜打、切喉、壓肘、刁採、鎖肘或彈擰摔之（圖50）。

圖50-1

圖50-2

圖50-3

圖50-4

九、靠摔法

靠乃衝撞的反擊動作。

「靠勢」定勢圖（圖51）。

圖51　「靠勢」定勢圖

歹徒出右手攻我，我及時閃進以左手托臂，以撞靠的動作反擊歹徒，可用斜靠歹徒腋部，以肩部撞靠歹徒胸腹摔法（圖52）。

圖52-1

圖52-2

圖 52-3

圖 52-4

十、「進、退、顧、盼、中定」摔法

（一）「進」摔法

前進也，前進乃趁得勢行之。如雲手乃得勢時用之，當歹徒出手攻我時，我以雲手進身施以刁捋、靠、撞、鎖肘、撿腿等摔法（圖53）。

圖53-1

簡易太極角

圖 53-2　　　　　　　　　　圖 53-3

圖 53-4

（二）「退」摔法

後退也，在順勢之際可後退之，故云退在順勢，

圖54-1

圖54-2

簡易太極角

退的摔法就是前述的刁捋摔法，此法乃引進落空借力
施力，順其衝進之勢摔倒歹徒（圖54）。

圖54-3

圖54-4

（三）「左顧」摔法

顧者旋，遭歹徒攻擊要乘勢左旋反之則閃轉（圖55）。

圖 55-1

圖 55-2

簡易太極角

圖55-3

圖55-4

（四）「右盼」摔法

盼者轉也，遭歹徒攻擊要乘勢右轉（閃轉）（圖56）。

圖56-1

圖56-2

圖56-3

圖56-4

（五）「中定」摔法

乃準備攻擊或防守的姿勢，一旦遭歹徒攻擊，要靈活運用前述四種角架，高架——挾頸摔，矮架——下把摔，在得機得勢之際攻防（圖57）。

圖57-1　中定

圖57-2　高架——挾頸摔

伍 「三十七式太極棒」摔法

一、單鞭摔法（單鞭有擊、按、採挒的作用）

「單鞭」定勢圖（圖58）。

圖58　「單鞭」定勢圖

歹徒單右手攻我上端，我以一手向上格擋，立即另手出吊手，以手背擊其面或胸部，繼變掌搗其面，再抓其領部撤步轉體，另臂挾其頸部同時提腿橫絆其腿而摔之（圖59）。

圖59-1

圖59-2

圖59-3

093

圖59-4

二、提手上勢摔法

「提手上勢」定勢圖（圖60）。

圖60　「提手上勢」定勢圖

歹徒單右手攻我上端，我一手抓捋其來手，繼出另手小臂，穿入其手肘下面鎖其肘，繼之猛轉身並出同側之腳踢其小腿（鎖肘、轉體、踢小腿同時動作）摔倒（圖61）。

圖61-1

圖61-2

圖61-3

圖61-4

三、白鶴亮翅摔法

「白鶴亮翅」定勢圖（圖62）。

圖62　「白鶴亮翅」定勢圖

歹徒右手攻我上端，同時出腳踢我下端，我一手上防其拳，同時一手下防其腳，繼以下防之手抄其腿，上防之手掌猛推其胸，將其摔倒（圖63）。

圖63-1

圖63-2

圖 63-3

圖 63-4

四、摟膝按掌摔法

「摟膝按掌」定勢圖（圖64）。

圖64　「摟膝按掌」定勢圖

歹徒上步，單右手攻我，我以左手搋捋其來手腕，同時上步低姿，出右手抄抱其胸腰，下把摔（圖65）。

圖 65-1

圖 65-2

圖65-3

圖65-4

五、搬攔捶摔法（亦稱進步搬攔捶）

「搬攔捶」定勢圖（圖66）。

圖66　「搬攔捶」定勢圖

歹徒出右拳攻我上端，我向外側閃身，以左掌防開其來拳，並抓捋之，繼出右拳擊之，使之摔倒（圖67）。

圖67-1

圖67-2

圖67-3

圖67-4

六、如封似閉摔法（卸脫受制之手臂立即反擊）

「如封似閉」定勢圖（圖68）。

圖68　「如封似閉」定勢圖

（一）歹徒出右手抓住我左腕，我以右手從下面抓其臂肘，同時拉回右手，再以雙掌按其胸腹部，將其摔倒（圖69）。

圖69-1

圖69-2

圖69-3

圖69-4

（二）歹徒出右手抓住我右小臂，我右手腕向上反抓其右手腕，同時撤右腿向後，崩其肘，刁将將其摔倒（圖70）。

圖70-1

圖70-2

圖70-3

圖70-4

七、十字手的摔法

「十字手」定勢圖（圖71）。

圖71　「十字手」定勢圖

（一）歹徒出雙掌、拳攻我上端，我出雙臂向上
掤開其雙掌；隨即轉身刁捋，將其摔倒（圖72）。

圖72-1

圖72-2

圖72-3

圖72-4

（二）歹徒出雙掌、拳攻我上端，我立即出雙臂向上掤開其雙掌；隨即蹲身，雙掌猛力按其胸部，將其摔倒（圖73）。

圖73-1

圖73-2

圖73-3

圖73-4

八、抱虎歸山摔法

「抱虎歸山」定勢圖（圖74）。

圖74　「抱虎歸山」定勢圖

（一）歹徒自我身後出手攻我上端，我速轉身出手掤化其攻來之手，並抓緊其臂，然後刁捋摔（圖75）。

圖75-1

圖75-2

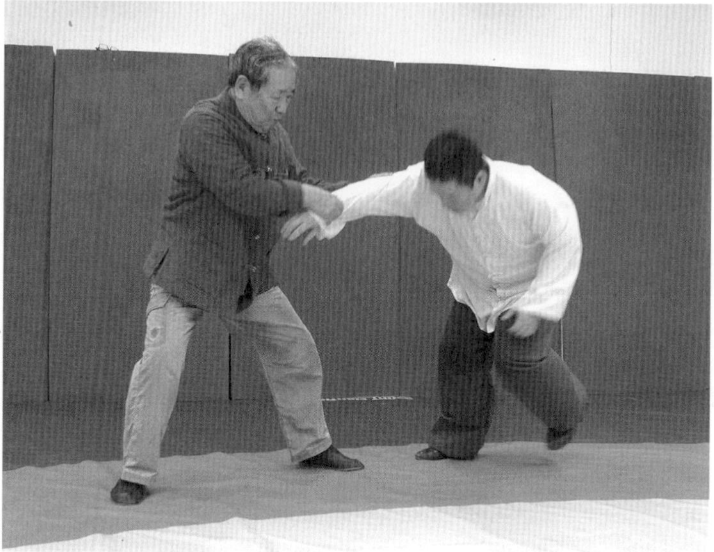

圖 75-3

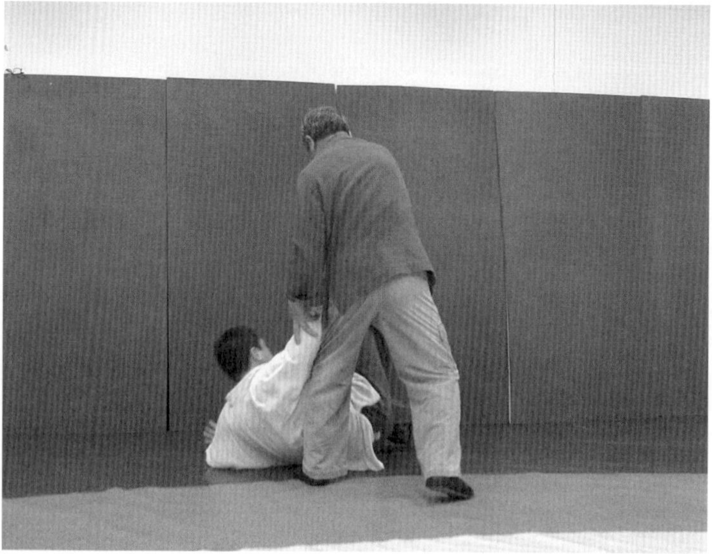

圖 75-4

（二）歹徒自我身側出手攻我上端，我側轉身，出手掤化其攻來之手，採側面摔法，以一手壓其命門，一手按其胸部，以力偶作用，向後摔倒（圖76）。

圖76-1

圖76-2

圖76-3

圖76-4

九、肘底捶摔法

「肘底捶」定勢圖（圖77）。

圖77 「肘底捶」定勢圖

歹徒出右手攻我上端，我速轉身出雙手，一手抓其肘關節，一手抓其手腕，以刁捋方法摔倒（圖78）。

圖78-1

圖78-2

圖78-3

圖78-4

十、倒攆猴摔法

「倒攆猴」定勢圖（圖79）。

圖79　「倒攆猴」定勢圖

　　歹徒自我後方纏抱，我以肘靠擊其肋，施以靠身摔，同時捋抓其手腕，施以轉身摔，或刁捋其來手，以崩肘或鎖肘摔。刁捋摔（圖80）。

圖80-1

圖80-2

圖80-3

簡易太極角

圖80-4

十一、雲手摔法

此動作內含採、掛、纏、掤、挒、提、推、擲等動作，乃環運護身，為太極拳應用總法，可說攻守兼備變化多端。

「雲手」定勢圖（圖81）。

圖81　「雲手」定勢圖

歹徒出右拳攻我上端，我左手向外雲手，歹徒夾脖摔我，我以右雲手，架樑摔之（圖82）。

圖82-1

圖82-2

圖 82-3

圖 82-4

十二、蛇身下勢摔法

「蛇身下勢」定勢圖（圖83）。

圖83　「蛇身下勢」定勢圖

歹徒以右拳攻上端，我左掤手，同時縮身下勢，以手掌趁勢抄摟其單腿，將其摔倒（圖84）。

圖84-1

圖84-2

圖 82-3

圖 82-4

十三、金雞獨立摔法

「金雞獨立」定勢圖（圖85）。

圖85　「金雞獨立」定勢圖

歹徒雙手攻我，我出手掤化其拳，同時進身以單膝頂其襠部，將其摔倒（圖86）。

圖 86-1

圖 86-2

圖86-3

圖86-4

十四、左右分腳摔法

「左右分腳」定勢圖（圖87）。

圖87　「左右分腳」定勢圖

（一）歹徒雙手上段攻擊，同時出右腳踢我下端，我雙手掤架，同時提左膝阻擋，瞬間腳不落地，仍以右腳踹其膝部摔倒（圖88）。

簡易太極角

圖88-1

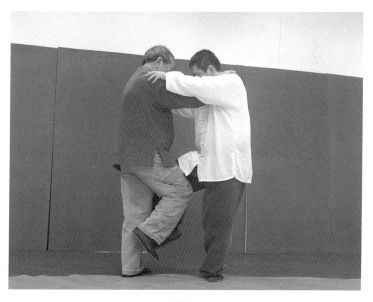

圖88-2

圖 88-3

圖 88-4

簡易太極角

（二）歹徒出腳踢我腹部，我出雙掌向下猛拍其腳面，立即進身抱腰摔，或摟雙腿摔（圖89）。

圖89-1

圖89-2

圖88-3

圖88-4

十五、玉女穿梭摔法

「玉女穿梭」定勢圖（圖90）。

圖90　「玉女穿梭」定勢圖

歹徒出右手攻我上端，我出左手掤化，同時施以右斜打，將其摔倒（圖91）。

圖91-1

圖91-2

圖91-3

圖91-4

十六、轉身擺蓮摔法（此法乃對付四周攻擊之法）

「轉身擺蓮」定勢圖（圖92）。

圖92　「轉身擺蓮」定勢圖

簡易太極角

歹徒出右拳攻我，我出雙手抓捋其肘與手腕，然後撤步轉體，以擺蓮腿，施以彈摔，將其摔倒（圖93）。

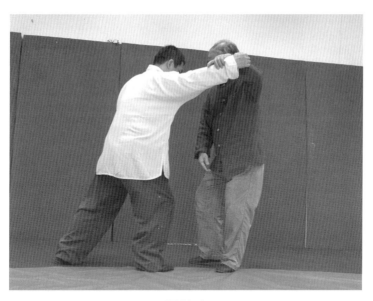

圖93-1

圖93-2

圖93-3

圖93-4

陸 「六十四式太極拳」摔法

一、海底針摔法

「海底針」定勢圖（圖94）。

圖94「海底針」定勢圖

歹徒出右手攻我胸腹部，我以左手抓其右手腕，猛力向下抖擻，同時以右手抄摟其單腿，將其摔倒（圖95）。

圖95-1

圖95-2

圖95-3

圖95-4

二、野馬分鬃摔法

「野馬分鬃」定勢圖（圖96）。

圖96　「野馬分鬃」定勢圖

歹徒出左拳攻我上端，我左手抓握其來腕，我繼上步以右手臂插入其腋下，同側之腿置於其身後，然後轉身以靠，將其摔倒（圖97）。

圖97-1

圖97-2

陸　「六十四式太極拳」摔法

151

圖97-3

簡易太極角

圖97-4

三、打虎式摔法

「打虎式」定勢圖（圖98）。

圖98 「打虎式」定勢圖

歹徒出右拳攻我上端，我右手掤架，左手擊其肋，同時滑抓其手腕，再雙手合力向下後刁捋，將其摔倒（圖99）。

圖99-1

圖99-2

圖 99-3

圖 99-4

柒 「太極拳十三勢」擒拿術

一、掤：「掤架拿手制腕」

對方右沖拳打我上端，我上右步右臂上掤，出左手抓其肘關節制其腕（圖100）。

圖100-1

簡易太極角

圖100-2

圖100-3

二、掤：「掤架鎖肘」

　　對方右沖拳打我上端，我出左臂上掤其臂，出右小臂鎖其肘關節（圖101）。

圖101-1

圖101-2

圖101-3

圖101-4

三、捋：「捋腕挾肘」

對方沖拳打我上端，我閃身右手抓其腕，出左臂由上向下纏挾其肘關節（圖102）。

圖102-1

圖102-2

簡易太極角

圖102-3

圖102-4

四、捋:「接手扭臂」

　　對方沖拳打我中端，我閃身右手抓其拳側手掌，出左掌協同抓其拳，雙手合力向左上扭折其臂（圖103）。

圖103-1

圖103-2

簡易太極角

圖103-3

圖103-4

五、擠：「擠掤折肘制腕」

　　對方沖拳打我中端，我右閃身同時以右手抓握其手腕，出左臂手掌置其腹部，右轉身以胸腹部，擠崩折其肘關節，再回轉身制其腕關節（圖104）。

圖104-1

圖104-2

簡易太極角

圖104-3

圖104-4

六、按：「接腕按壓腕、肘、肩」

對方出右手抓我左手臂，我右手拍抓其右手背，同時左掌向上翻抓其右手腕，雙手合力推按折其腕、肘、肩關節（圖105）。

圖105-1

圖105-2

圖 105-3

圖 105-4

七、採:「採腕抬臂折肘」

對方右沖拳打我中端，我閃身，同時雙手採抓其手腕，合力向左上方扭折其臂（圖106）。

圖106-1

圖106-2

圖106-3

八、捌：「拿腕捌肘」

對方右捌拳打我中上端，我閃身以左掌推抓其手腕，急出右臂置其肘關節處，雙手合力捌折其肘關節（圖107）。

圖107-1

圖107-2

圖107-3

九、肘:「被背後擒腕解脫」

我方出右拳打對方中端,對方閃身,以右手抓握我右手腕,其左手掏抓我肘彎,成背後擒我手腕,我速轉身,以肘擊其胸解脫(圖108)。

圖108-1

圖108-2

簡易太極角

圖108-3

圖108-4

十、靠：「被抓其領靠脫」

對手出右拳打我中端，我以右手接抓其手腕，同時，上左步向右轉身，並伸左臂，以肩臂靠其腋、腹部，身手合力折肘拿手制腕（圖109）。

圖109-1

圖109-2

簡易太極角

圖109-3

圖109-4

註：

「中定」為預備姿勢。

「顧」、「盼」、「進」、「退」，隨上列動作靈活運用。

參 考 文 獻

1. 常東昇著《摔角術》中華技擊委員會摔角部出版　民國46年7月　台灣

2. 王鳳亭著《練習摔角》大漢武術研究社主編　民國40年11月　台灣

3. 莊正忠、莊仲豪著《太極拳實戰論》民國90年5月　台灣

4. 李玉栓編著《拳道功法學》2006年5月　大展出版社有限公司　台灣

5. 陳占奎著《中國太極拳與防身用法》中國人民出版社　1997年　北京

6. 郭慎編著《太極拳防身術》大展出版社有限公司出版　民國94年8月　台灣

7. 郭慎編著《中國式摔角》大展出版社有限公司出版　民國95年6月　台灣

8. 張志俊撰「三十二式摔角影帶」中國河南省河南電子出版社出版發行

9. 隋滌秋著《實用防身術》大千設計電腦排版公司》民國87年9月

簡易太極角

附　錄

郭慎生平年表

西元	民國	年齡	重要記事
1931年	20年		出生於山西省五台縣豆村鎮小南坡村。
1936年	25年	5歲	隨外祖父東雲公與大舅李西芳，學習拳術與家鄉的山西摔角。
1937年	26年	6歲	父親仙逝。
1938年	27年	7歲	入學。
1944年	33年	13歲	母親仙逝。
1946年	35年	15歲	就讀山西省立華靈中學初中。
1947年	36年	16歲	投考青年軍208師（1947～1948年）。
1950年	39年	19歲	隨軍隊（87軍10師）來臺。
1954年	43年	23歲	考取政工幹校體育組（補修學分成為體育系）。師事劉木森學十字拳、查拳、小洪拳、氣功。師事黃滄浪學柔道。
1956年	45年	25歲	畢業時獲政戰學校四期體育組第一名，分派至陸軍工兵學校政戰部體育教官室，任少尉助教～上尉教官（1956～1960年）。
1958年	46年	26歲	跟隨常東昇學習保定快跤、常氏太極拳。
1960年	49年	29歲	陸軍步兵學校劈刺組上尉教官（1960～1962年）。
1961年	50年	30歲	調至陸軍步兵學校體育組。參加臺灣省第十六屆全省運動會獲舉重中重級決賽第二名。
1963年	52年	32歲	參加臺灣省第十八屆全省運動會獎狀獲男子部舉重輕重量級競賽第三名。國防部政治作戰學校體育學系少校～中校教官（1963～1972年）。從是年起至1979年跟隨常東昇擔任助教。

西元	民國	年齡	重要記事
1964年	53年	33歲	與張鏡宇先生研究完成國軍目前所採用之「新編制刺槍術」。
1965年	54年	34歲	參加臺灣省第二十屆全省運動會獎狀獲男子摔角重量級競賽第壹名。 乙等特種考試及格（國防部行政及技術人員考試、體育人員）。 參加臺灣省第二十屆全省運動會獎狀獲男子舉重中重量級競賽第三名。
1966年	55年	35歲	學習剛柔流、系東流空手道。
1967年	56年	36歲	12月25日與譚鳳鸞女士結褵。
1968年	57年	37歲	晉升中校教官。 獲頒忠勤勳章。
1969年	58年	38歲	獲政治作戰學校優良教官（校長王昇將軍頒獎）。 習跆拳道。
1973年	62年	42歲	任國防部政治作戰學校體育學系文職、助教、講師、副教授（1973～1996年）。
1975年	64年	44歲	獲政治作戰學校優良教官（校長陳守山將軍頒獎）、改敘文職助教。
1977年	66年	46歲	獲頒壹星忠勤勳章。 向美國角力名師邊寧佳習西洋角力。
1978年	67年	47歲	8月1日受聘臺北市立體育專科學校兼任講師。
1981年	70年	50歲	8月16日受聘私立中華工業專科學校兼任講師。
1982年	71年	51歲	晉升副教授。
1983年	72年	52歲	軍職退。
1985年	74年	54歲	國際角總教練講習（法國巴黎市），獲角力國家級運動教練證。 任夏威夷角力邀請賽領隊（夏威夷）。
1986年	75年	55歲	獲舉重國際級運動教練證、裁判證。 獲舉重國家級運動教練證。

簡易太極角

西元	民國	年齡	重要記事
1987年	76年	56歲	1月赴韓國任角力邀請賽裁判（漢城）。 獲國軍軍事院校優良教官（宋長志將軍頒獎）。 獲健美國際級教練證、裁判證。
1988年	77年	57歲	中國文化大學國術學系兼任摔角擒拿課副教授24年（1988～2011年）。 任中華臺北女子健美邀請賽裁判（台北市）。
1989年	78年	58歲	8月1日受聘中國文化大學兼任理學院體育學系國術組副教授。 任第六屆亞洲角力錦標賽裁判及中華臺北領隊（日本）。 獲中華民國角力協會授段證書（六段）。 完成第一代至第五代刺槍術功力訓練測試器，榮獲國防部頒發獎狀。
1990年	79年	59歲	研發刺槍模擬訓練器全般設計製作績效卓著，獲國防部參謀總長陳燊齡空軍一級上將獎狀（79年4月吉品字第1892號）。任世界角力錦標賽裁判（莫斯科）。任亞洲健美賽裁判（新加坡）。任第十一屆亞洲運動會角力裁判（北京）。獲健美國家級運動教練證。
1991年	80年	60歲	獲國軍軍事院校優良教官（參謀總長陳燊齡將軍頒獎）。 代表摔角單位赴德國進行中華民國社會體育行政人員進修。 獲角力國際級教練證、裁判證。 任第十九屆亞洲舉重賽會議代表（日本）。 任第七屆亞洲角力錦標賽裁判（印度新德里）。
1992年	81年	61歲	任第八屆亞洲角力錦標賽大會裁判（伊朗德黑蘭）。 任世界青少年角力錦標賽大會裁判（土耳其伊斯坦堡）。

西元	民國	年齡	重要記事
1993年	82年	62歲	8月受聘中華民國角力協會秘書長。 11月任韓國角力邀請賽領隊（漢城）。 任第九屆亞洲角力錦標賽裁判（蒙古首都烏爾巴托）。
1994年	83年	63歲	國際角總裁判講習（義大利羅馬市奧林匹克運動中心）。
1995年	84年	64歲	獲國軍軍事院校優良教官（羅本立將軍頒獎）。
1996年	85年	65歲	8月1日受聘政治作戰學校體育學系專任副教授。 9月受聘東吳大學兼任副教授。 任亞特蘭大奧運會角力會議代表（美國亞特蘭大）。 文職中校退伍。
1997年	86年	66歲	任泰國角力錦標賽裁判（曼谷）。 獲國軍軍事院校優良教官（羅本立將軍頒獎）。 中華民國太極拳總會講習會A級教練講師（1997～2001年）。
1999年	88年	68歲	獲政戰學校88年校友楷模。
2001年	90年	70歲	臺灣高等法院法警班綜合武術九十年度兼任教師。
2003年	92年	72歲	任中國北京延慶中國式摔角邀請賽裁判（延慶）。 10月任臺北市體育會第十一屆摔角委員會主任委員。
2005年	94年	74歲	中華民國舉重協會紀錄審查委員（2005～2012年）。 9月29日於中國文化大學國術學系舉行新書發表會（中國式摔角）。 12月25日於臺北市北投創立「郭式太極角」宗派。
2006年	95年	75歲	中華民國摔角協會秘書長（2006～2010年）。
2007年	96年	76歲	2月12日受聘擔任陸軍步兵訓練指揮部暨步兵學校，陸軍第一屆金湯盃對刺技術委員召集人。
2008年	97年	77歲	1月20日收邱翊展、陳逸祥、呂建銘、潘欣祺四子為門下生。 5月13日受聘臺北市體育總會第十二屆摔角委員會主任委員。

簡易太極角

西元	民國	年齡	重要記事
2010年	99年	79歲	獲選為臺北市退伍軍人協會模範父親。 12月25日收傅文丕為門下生。
2011年	100年	80歲	中華民國搏擊散打協會名譽副理事長（2011年1月1日）。 5月7日收江立民為門下生。
2012年	101年	81歲	9月，應國術學系魏香明主任之邀，開課－「國術專題講座」，回首術科教學，將相關理論觀念，做有系列的介紹，同時撰寫教材。 12月，榮登臺灣身體文化學會「臺灣百年體育人物誌」——臺灣國防戰技專家 郭慎。
2013年	102年	82歲	應台灣省國術會林志昌秘書長之邀，撰寫「武術專欄」至今。
2014年	103年	83歲	追懷常東昇，與莊嘉仁教授為文，發表「武狀元常東昇先生」一文於臺灣身體文化學會。
2015年	104年	84歲	12月18日，「中國文化大學技擊運動暨國術學系」魏香明主任，頒贈「國術終身成就獎」。

附錄

郭慎出版專書

書名	出版單位	出版年
國術、武裝跑、武裝游泳訓練教材	國防部總政治作戰部印行	1965年10月
刺槍術、手榴彈投擲、武裝超越障礙	國防部總政治作戰部印行	1965年10月
舉重運動	政治作戰學校印行	1967年6月
國軍體育訓練	國防部作戰次長室印行	1970年5月
舉重與重量訓練	北體專體育學會印行	1974年8月
擒拿術	政治作戰學校教育處印行	1975年7月
戰鬥技能	政治作戰學校印行	1975年7月
國防體育教材教法（陳海濤、郭慎合著）	政戰學校印行	1977年7月
重量訓練在運動上的應用之研究	健行育樂叢書	1978年6月
體育教材教法	政治作戰學校印行	1979年2月
重量訓練	政治作戰學校教育處	1979年8月
柔道教材	政治作戰學校教育處	1979年12月
中國摔角教材	政治作戰學校教材審查委員會	1979年12月
國防體育訓練教本（高中高職適用）	華興書局印行	1980年1月
國防體育教學法	覺園出版社印行	1980年11月
體育大辭典「國防體育」撰述委員	臺灣商務印書館	1984年5月
中華民族武藝——中國摔角術之研究	政戰學校年度論文	1984年
高中體育一至三年級共十八冊	華興書局印行	1985年～1987年

書 名	出版單位	出版年
運動裁判法	政戰學校印行	1989年5月
體育行政	政戰學校印行	1992年9月
國軍體育回顧與展望	政戰學校覺園出版社	1996年3月
國防體能訓練教本（高中、高職適用）	華興書局印行	1980年1月
太極拳防身術	大展出版社有限公司	2005年8月
擒拿術	大展出版社有限公司	2005年10月
中國式摔角（中國文化大學國術學系教材）	大展出版社有限公司	2006年6月
武術諺語與武術要訣手冊	臺灣武林逸文出版公司印行	2010年8月
中華民國建國百年國軍體育的發展與變遷	大展出版社有限公司	2011年10月
郭慎宗師論國術（一）國術初論	大展出版社有限公司	2017年10月
簡易太極角	大展出版社有限公司	2018年11月

附錄

後　記

簡述撰寫太極角的緣起

非常榮欣獲得中華民國太極拳總會，張理事長肇平先生的邀約，將中華民族格鬥武術（摔角與擒拿術），融入太極拳中，以增強太極拳的強身與自衛實戰功力，茲將列次研習情況簡述如下：

第一次：太極拳總會直屬南陽太極拳學院，所舉辦的陽光健身計劃，旨在培訓，建立太極拳志工指導員，時間是1999年9月25日，地點在台北市廣州街六號，南門國中大會議室及操場，參與學員共一百位，年齡18歲至74歲。

第二次：太極拳總會所舉辦的年度A級（國家級）教練研習會，時間是2000年4月21日至23日，地點在台北市復興南路二段十五號頂樓（太極文物館），參與者近百位，年齡最大者為七十六歲（圖1）。

簡易太極角

184

正本
中華民國太極拳總會函
受文者：郭教授　慎
速別：
密等及解密件：
發文日期：中華民國八十九年四月十日
發文字號：八十九拳平字第一○五號
附件：如文
主旨：本會定於八十九年四月廿一、廿二、廿三、三十日共計四天假台北市復興南路二段15、號頂樓（太極文物館）舉辦八十九年度A（國家）級教練講習會，茲敦聘　台端為該講習會會講師，檢附課程表乙份，屆時請準時前往授課為荷。

機關地址：台北市朱崙街二十號608室
傳　真：(0二)二七八三八九〇
電　話：(0二)二七七五八七三二一三

理事長　張肇平

185

圖1　八十九年度A級（國家級）教練研習會，講師聘書

第三次：太極拳總會舉辦的年度C級（縣市級）教練研習會，時間是2000年5月26日至28日，地點在全國體總三樓會議室，參與學員教練近百位，年齡18歲至78歲。

以上，所舉辦的三次研習會，對太極拳的推展，有深遠的影響而筆者感受到的是，中華民國太極拳總會，對其推展工作，可說是完全符合太極拳連綿不斷、循環不息的積極心態，更重要的是，讓各級教練，不但在太極拳的功架、套路方面不斷精進，更期望在太極散手方面有所突破，同時更上層樓，將百家武術，融入太極散打實戰中。

事實上，太極拳中不但含有眾多摔角技術，更有擒拿術的絕招。太極拳中沒有特別將摔角、擒拿術提及，依筆者推想，乃是受張三丰祖師所示「欲天下豪傑延年益壽，不徒作技藝之末也。」所影響！因而，太極拳被稱為：文士、仁道、淑女、哲拳等。完全著重在養生、修身、與止戈為其範疇。

事實證明，太極拳是一種境界高超的實戰武術，此可從諸多太極拳前輩們，載在武術史中，顯赫事蹟得知。陳王廷曾在山東掃蕩群匪，陳長興以保鑣護院為業，楊露禪人稱「楊無敵」。

中華民國太極拳總會，理事長張肇平，曾著專書

簡易太極角

《太極拳語錄註解》中推崇其師，太極拳大師劉培中，不但太極拳功力已至化境，且太極拳功與氣功相合，更至登峰造極之玄奧境界。其具體異能事蹟：「數丈之外，伸指遙擊壯士，笑而不可遏止，可使之張口而不能言語，可使手中刀槍立刻落地，而不知所措。」從以上所述例證，足證太極拳實戰之威力大矣！

太極拳是一種武術，凡稱為武術，常以制人而不受制於人為目的。太極拳的散手，不僅僅全是拳打腳踢，而其功效，應在打、踢、摔、拿四擊融通，太極拳功中，能將摔角、擒拿術融入，則在實戰中的功效大矣！茲附上三次研習的照片（圖2～圖6）。

編撰太極角的動機，起於民國八十六年間，雖然，經過三次的研習，少有點心得，但覺得在博大精深的太極拳大海中，一己之拙見乃滄海一粟，渺乎其微，而不敢造次，但心願未成，徒添遺憾！如今，已至耄耋之齡，感嘆歲不我予，鼓足餘勇，出版《簡易太極角》一書，尚祈先進不吝賜正，更深切期盼拋磚引玉。

圖2　2000年，於資深A級（國家級）教練研習會，介紹將摔角、
　　　擒拿術融入太極拳中，充實太極拳實戰戰力。

簡易太極角

圖3　2000年，於資深A級（國家級）教練研習會。

圖4　2000年，於資深A級（國家級）教練研習會。

圖5　2000年，於資深A級（國家級）教練研習會。

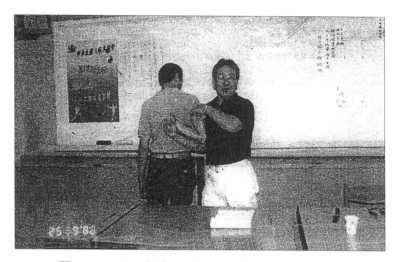

圖6　2000年，於資深A級（國家級）教練研習會。

簡易太極角

歡迎至本公司購買書籍

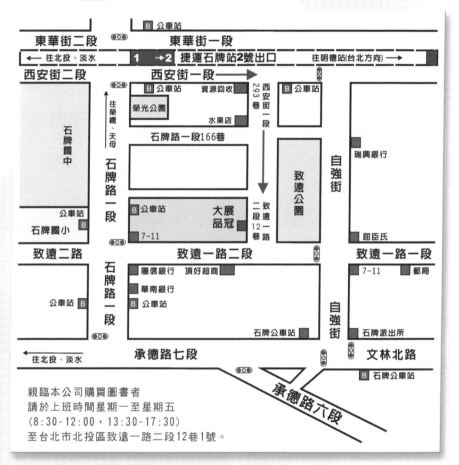

親臨本公司購買圖書者
請於上班時間星期一至星期五
(8：30-12：00，13：30-17：30)
至台北市北投區致遠一路二段12巷1號。

建議路線
 1.搭乘捷運
　　淡水信義線石牌站下車，由月台上二號出口出站，二號出口出站後靠右邊，沿著捷運高架往台北方向走(往明德站方向)，其街名為西安街，約80公尺後至西安街一段293巷進入(巷口有一公車站牌，站名為自強街口，勿超過紅綠燈)，再步行約200公尺可達本公司，本公司面對致遠公園。

 2.自行開車或騎車
　　由承德路接石牌路，看到陽信銀行右轉，此條即為致遠一路二段，在遇到自強街(紅綠燈)前的巷子左轉，即可看到本公司招牌。

國家圖書館出版品預行編目資料

簡易太極角 ／ 郭慎　著
　　——初版，——臺北市，大展，2018〔民107．11〕
　　面；21公分 ——（太極跤；4）
　　ISBN　978－986－346－229－3（平裝附數位影音光喋）

1. 太極拳
528.972　　　　　　　　　　　　　　　　　107015543

簡易太極角 附DVD

著　　　者／郭　　慎
責任編輯／艾力克
發 行 人／蔡森明
出 版 者／大展出版社有限公司
社　　　址／台北市北投區（石牌）致遠一路2段12巷1號
電　　　話／（02）28236031 · 28236033 · 28233123
傳　　　眞／（02）28272069
郵政劃撥／01669551
網　　　址／www.dah-jaan.com.tw
E - mail／service@dah-jaan.com.tw
登 記 證／局版臺業字第2171號
承 印 者／傳興印刷有限公司
裝　　　訂／承安裝訂有限公司
排 版 者／弘益電腦排版有限公司
初版1刷／2018年（民107年）11月

定　價／400元